¡AL LORO! EN EL CAMPO

El estudio del cerebro de los niños y las niñas es fundamental para diseñar el aprendizaje. Gracias a las investigaciones de la neuroeducación, sabemos que este órgano se va modelando con las experiencias vividas en casa y en el colegio. El cerebro está preparado para adaptarse al aprendizaje de nuevas habilidades a todas las edades, pero en los primeros años se desarrollan las funciones cerebrales básicas y las familias necesitan herramientas prácticas para el acompañamiento de estos procesos.

La colección *¡Al loro!* estimulará las destrezas y la creatividad de los más pequeños de la casa. Cada cuaderno ofrece juegos etiquetados en las categorías que indican los pictogramas, así como adhesivos y papeles para recortar y completar algunas de las actividades propuestas.

¡Al loro y buen trabajo!

PICTOGRAMAS

PENSAMOS   **TRAZAMOS**   **PEGAMOS**   **CONTAMOS**   **CREAMOS**

PEGAMOS

En esta granja viven muchos animales.
Pégalos dentro de la valla y di cómo se llaman.

PENSAMOS

¿Conoces los sonidos que emiten?
¿Sabes reproducirlos? Rodea los animales
que son de color blanco.

CONTAMOS Y CREAMOS

¿Cuántas mariquitas hay? Rodea el número.
Píntalas de rojo e indica cuál es la mayor,
cuál es la mediana y cuál es la pequeña.

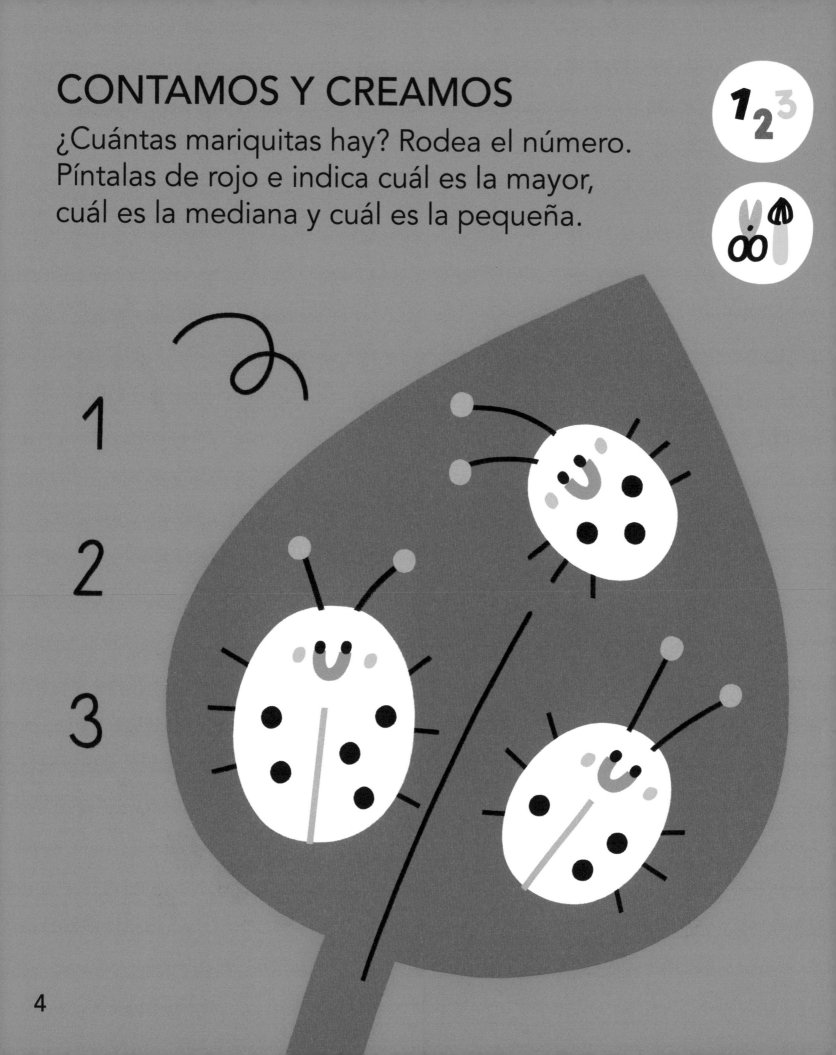

1

2

3

4

TRAZAMOS

A Laura le gusta subirse al carro de sus abuelos.
Dibuja los ejes de las ruedas.

PEGAMOS

Ahora el abuelo ya no utiliza el carro, porque trabaja con el tractor. Pega las partes que faltan.

PENSAMOS

Cada tractor debe descargar el grano en el granero del mismo color. Únelos con una línea.

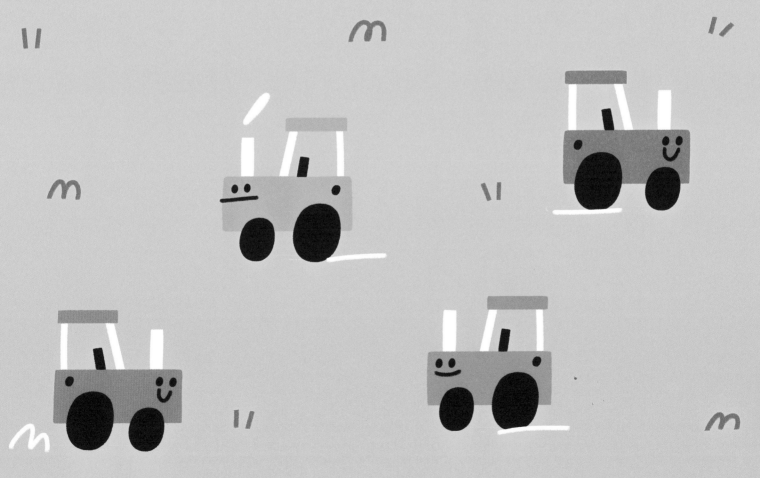

TRAZAMOS Y CREAMOS

Dibuja los pinchos del erizo. Luego, rasga papel y pégalo en los caparazones para hacer la casa de sus amigos los caracoles.

Crea una nueva piel para esta serpiente pegando adhesivos de muchos colores.

PENSAMOS

Para trabajar en el campo y cuidar a los animales el abuelo lleva botas y un sombrero. Rodéalos.

TRAZAMOS

¡Uf, qué calor! Dibuja topos alrededor del sol.

PENSAMOS Y CREAMOS

¿Conoces los nombres de estos elementos? Coloréalos y rodea el que tiene el nombre más largo.

PEGAMOS

¡Está lloviendo! Pega muchas gotas de agua.

PENSAMOS

La abuela cuida el huerto y a mí me gusta ayudarla. Fíjate bien y busca en la escena los dibujos que están en los círculos.

PEGAMOS

¡Qué ricas están las fresas! Pega más en el bote.

TRAZAMOS

Resigue el agua de riego.

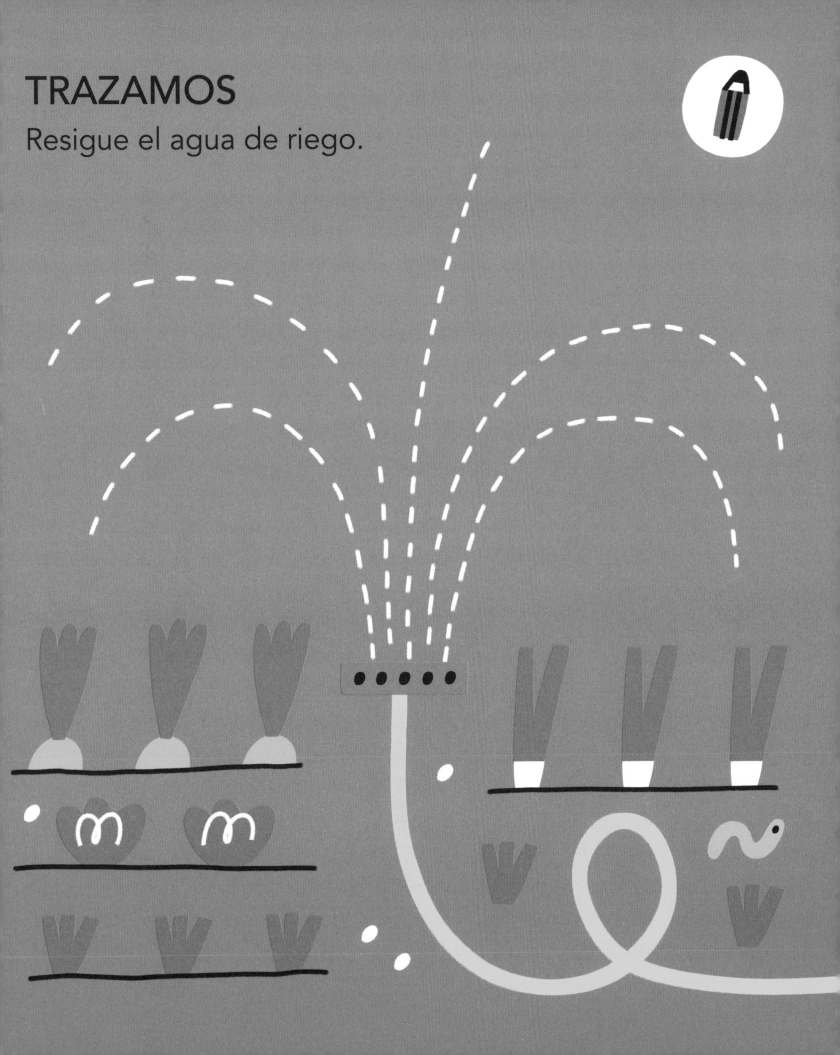

PENSAMOS

Encuentra las sombras de estas frutas.

CONTAMOS Y CREAMOS

La vaca quiere comerse 3 manzanas verdes
y 2 manzanas rojas. Coloréalas y rodea las
manzanas estropeadas.

PENSAMOS

Rodea de color rojo los animales que vuelan
y de color verde los que van por el suelo. Tacha
los que no te encontrarás nunca por el campo.

CREAMOS

Rasga papeles de colores y pégalos para completar este paisaje.

PEGAMOS Y CREAMOS

Pega una abeja dentro de cada celda marrón de la colmena. Colorea las celdas blancas del color de la miel.

PENSAMOS

¿Quién se come el pan con miel?

PENSAMOS

Encuentra el gato que es diferente de los demás.

CONTAMOS

Rodea y une cada grupo de elementos con el número correspondiente. ¿Qué grupo tiene 4 elementos?

1 2 3

1   2   3   4   5

PEGAMOS

Completa la cocina de la casa de los abuelos pegando los adhesivos en el lugar correspondiente.

CREAMOS

¡El abuelo y yo preparamos unos batidos de fruta riquísimos! Rasga papeles y llena la batidora.

PENSAMOS

Rodea el objeto que pesa más y marca con un aspa el objeto más ligero.

P. 8

P. 21

P. 21

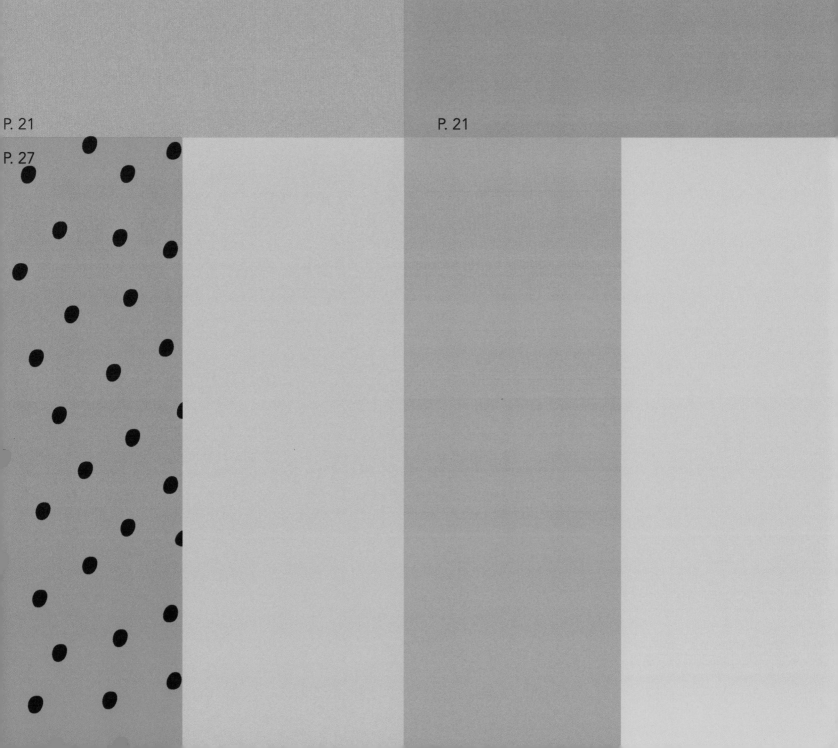

P. 21

P. 21

P. 27

P. 6

P. 9

P. 13

P. 16

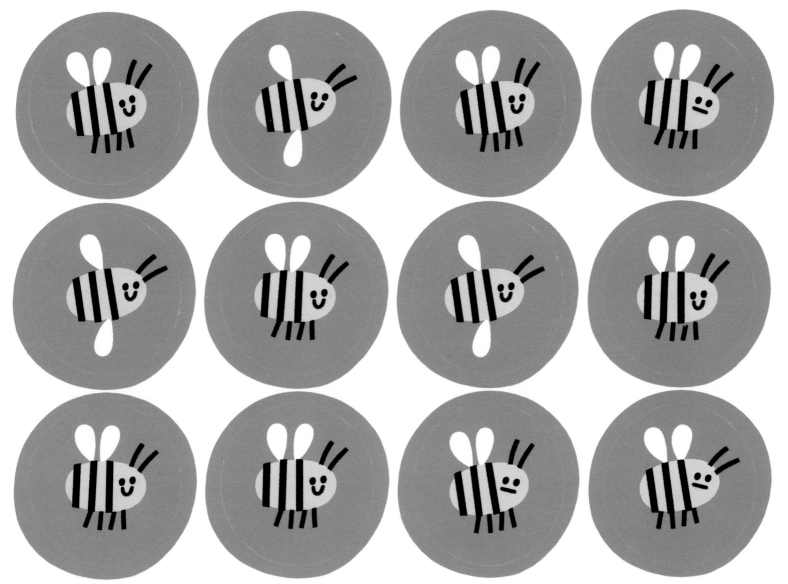

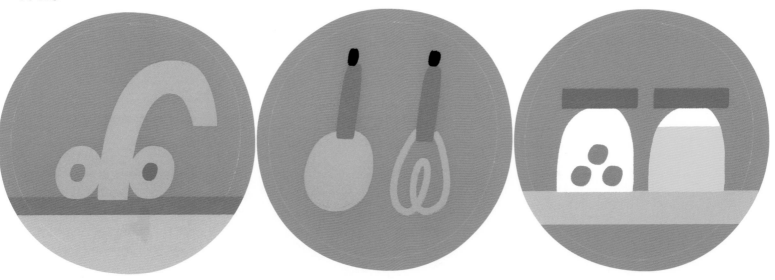